KS ブックレット No. 26

Live on welfare 障害のある人と生活保護

尾藤廣喜・赤松英知 著

発行―きょうされん
発売―萌文社

ＫＳブックレットの刊行にあたって

ＫＳブックレットの第26号がここにできあがりました。ＫＳとは、本書の発行主体である、きょうされん（旧称；共同作業所全国連絡会）の「共同」と「作業所」の頭文字であるＫとＳを組み合わせたものです。

本ブックレットは、障害分野に関わる幅広いテーマをわかりやすく企画し、障害のある人びとの就労と地域生活の実践や運動の進展に寄与することを目的に刊行しています。社会福祉・保健・医療・職業リハビリテーションに携わる人びとはもとより、多くのみなさまにご愛読いただくことを願っております。

2018年9月

きょうされん広報・出版・情報委員会

Live on welfare　障害のある人と生活保護

もくじ

障害のある人と生活保護　赤松　英知……39

●装幀—佐藤 健　●イラスト—寺田 燿児

まえがき

柏木ハルコ氏の漫画『健康で文化的な最低限度の生活』(小学館)がこの夏に関西テレビでドラマ化され、生活保護問題を正面からとらえていると話題を呼び好評を博しました。ただ、これまで生活保護といえば、ごく一部の暴力団員などによる「不正受給」や芸能人の家族が受給したことが報道されて話題になる以外は、ほとんど世間一般的なニュースになることはなかったように思います。しかし、最近では生活保護を担当する自治体職員が「保護なめんな」とプリントされたジャンパーを集団で着用して勤務するといった「事件」を含め、いわゆるＳＮＳなどを通して流れるフェイクなニュースは、生活保護に関する正しい情報提供が必要だという事実をわたしたちに強く感じさせました。

一方で生活保護は、いざそれを利用する立場や何らかのかたちで具体的に関わることがなければ、福祉に携わる人々でさえも、制度の沿革や活用方法などを詳しく知る機会はあまりないのが実態です。そうしたなかで、生活保護に対するネガティブな理解が、障害のある人の身近な関係者にもひろがりつつあるとしたら、早いうちに生活保護についての正しい知識と最新の動向を伝え共有することは、わたしたちの責任でもあると痛感するところです。

経済効率主義のもとで、能力や競争、そして成果が問われる高度に発展した資本主義国・日本で、現実問題として雇用されることがきわめて困難であったり、作業所で働いたりなど収入の少ない状況にある障害のある人にとって、生活保護がまさに「命綱」になっている場合が少なくありません。

生活保護の基準は憲法25条で定める国民の生存権、つまり国民生活の最低限度の基準を示すもので、それは即ち障害のある人の生活に直結する問題です。しかし、国は２０１３年から、ふたたびその基準を大幅に引き下げました。

こうしたなかで、全国から１０００名を超える人たちが原告として国や自治体を相手に訴訟に立ち上がりました。障害のある人たちの数多くがこの訴訟に参加しています。

「もうこれ以上の引き下げはガマンならない！　限界だ！」という当事者たちの悲痛な叫びがうねりとなり、２０１５年10月28日には、東京・日比谷野外音楽堂で「生活保護アクションin日比谷」が開催され、２０１６年には「いのちのとりで裁判全国アクション」が結成され、わたしたち「きょうされん」もこれに参加し運動の発展に尽力しています。

以上の経過から、当委員会では、生活保護と障害のある人に関する情報と動向を多くの関係者に知っていただくために、本ＫＳブックレット№26『障害のある人と生活保護』を企画しました。

執筆は、２０１８年９月に京都で開催される第41回全国大会の実行委員長でもある、弁護士の尾藤廣喜氏と当会常務理事の赤松英知のお二人に、障害福祉に携わるみなさまにわかりやすく、かつコンパクトにまとめていただきました。

憲法改定が危惧されるなかで、障害のある人たちの生存権を国の責任で守るということの大きな意味を、本書を通して考えていただけるきっかけとなれば本望です。

２０１８年９月21日　きょうされん広報・出版・情報委員会

日本国憲法 第二十五条

すべて国民は、健康で文化的な最低限度の生活を営む権利を有する。

2　国は、すべての生活部面について、社会福祉、社会保障及び公衆衛生の向上及び増進に努めなければならない。

憲法25条と生活保護

尾藤　廣喜

1. 2つの事例から

人工透析の患者さんの医療費を誰が負担するか

1972年（昭和47年）のことでした。ある地方自治体の生活保護担当課長が厚生省（現在の厚生労働省）の社会局（現在の社会・援護局）保護課を訪れました。この自治体に住んでいる人が、当時、月収20万円ほど（大学卒業者の初任給が4万円程度だった時代です）の自営業の世帯主が、重い腎臓病のため、人工透析の治療を受けていましたが、この国民健康保険の自己負担分の費用（当時3割）が月に20万円から25万円ほどかかり、これを支払うと生活費がまったく残らなくなるので、生活保護を適用したいと思うがどうかという相談でした。当時、人工透析の治療がやっと医療保険の適用対象とはなったのですが、他に公的に費用を負担する制度はなく、保険の自己負担部分については、個人で費用負担することになり、これがために治療を受けられないことを理由とするさまざまな悲劇が報道されていた時代でした。厚生省の生活保護担当者は、その自己負担分を生活保護費で負担することにためらいを覚えましたが、この制度が、「健康で文化的な最低限度の生活を保障する」ことにあることを自覚しておりましたので、「他の制度がなければ、生活保護制度で負担するしかない」「収入が、生活費、医療費を含めて必要な支出を下回っているのであれば、適用するのがこの制度」と考えて、生活保護の適用に踏み切りました。この決断によって、保険の自己負担分が多額である場合には、これを生活保護費で公的に負担するという制度が守られ、「いのちと健康は誰もが平等だ」という考え方が、貫かれることとなりました。

実は、この話には、続きがあります。このように生活保護制度を利用する人については、多額の医療費の自己負担分を公的に負担することが認められましたが、生活保護を利用できない人(もっと多額の収入があったり、資産を持っている人など)については、公的な負担がまったくないという矛盾があります。それを解消する制度として、医療保険の自己負担分が月額で一定金額を超えた場合に、これを医療保険から、後日お金で払い戻すという制度(高額医療費の療養費払い制度)を作ろうということになり、この制度は1973年(昭和48年)から発足することになりました。

つまり、先行した生活保護制度の活用が、一般的な医療保険制度の矛盾を解決する「力」になったのです。

孤立死した2人の姉妹

2012年(平成24年)1月20日、札幌市白石区で42歳のお姉さんと40歳の障害のある妹さんが孤立死した状態で発見されました。お姉さんは病死でしたが、知的障害のある妹さんは、寒い北海道で、電気、ガス、水道も打ち切られ、凍死(餓死)の状態でした。実は、この間お姉さんは、3回にわたって福祉事務所に生活保護の相談に訪れています。しかし、3回とも、「まだ若いから探せば仕事は見つかるはずだ」「懸命なる求職活動がなされていない」などの理由で、追い帰され、生活保護の申請には至りませんでした。お姉さんはめまいや吐き気などの体の不調を訴えながら、懸命に仕事を探していたにもかかわらず見つからなかったといいます。生活保護制度を利用できないままの2人の孤立死でした。同じ札幌市白石区では、この25年前にも、母子家庭のお母さんが生活保護申請が認められず餓死した事件がありました。

生活保護の窓口に何回も訪れながら、2人が孤立死してしまったということは、大変大きな問題です。しかも、福祉事務所の担当者は、2人の死亡後にその原因調査に訪れた調査団のメンバーに、「(お姉さんが)もう一歩前に出て欲しかった」などと述べており、窓口で追い返したことについて反省の色がありませんでした。

この事件は、生活保護制度が、いったい何のためにあるのかが、厳しく問われた事件です。

2. 生活保護制度ってどういう制度なの

この2つの事例を比較してみますと、いろいろなことが浮かび上がってきます。生活保護制度って、何のためにあるのだろうか。どこまで市民生活を守ってくれるのだろうか。行政の役割とは何なのか。生活保護を利用する権利とは、どう考えるべきなのか。1972年(昭和47年)と2012年(平成24年)の40年間で、制度は前進しているのか、後退しているのかなどなど。

そこで、まずは、現在の生活保護制度が生まれた時期からその意味合いを考えてみることにしましょう。

憲法25条の内容と生活保護制度

憲法25条の1項には「すべて国民は、健康で文化的な最低限度の生活を営む権利を有する。」と書かれています。また、その2項には、「国は、すべての生活部面について、社会福祉、社会保障及び公衆衛生の向上及び増進に努めなければならない。」と書かれています。

生活保護制度は、この憲法25条に基づく制度です。

わたしたちの誰もが、病気になったり、障害を負ったり、高齢になったり、一人親世帯になったりして、その結果、「健康で文化的な最低限度の生活」を維持できなくなることがあり得ます。そのような場合に、わたしたちが、国に対して、権利として「健康で文化的な最低限度の生活」を保障することを求めることができるために制度化したのが、現在の生活保護法(以下「法」といいます)に基づく制度です。

この法が成立した1950年（昭和25年）以前の「公的扶助制度」（国または自治体が国民の生活を援助する制度）であった旧生活保護法（以下「旧法」といいます）には、「能力があるにもかかわらず、勤労の意思のない者、勤労を怠る者その他生計の維持に努めない者」「素行不良な者」は、保護を利用する資格を認めないとの欠格条項がありました。しかし、憲法25条に基づく制度である以上、生活に困った場合、その原因がどうであれ、保護の対象とするというのが当然のこととされなければなりません。

生活保護制度の理念

このように、憲法25条に基づき、「健康で文化的な最低限度の生活」を保障するために創設された生活保護制度ですが、法上これがどのような理念に基づいて設計・運用されているのかについてもう少し詳しく見てみましょう。

（1）生活保護法の目的と国家責任の原理

法の1条には、「この法律は、日本国憲法第25条に規定する理念に基づき、国が生活に困窮するすべての国民に対し、その困窮の程度に応じ、必要な保護を行い、その最低限度の生活を保障するとともに、その自立を助長することを目的とする。」と書かれています。これは、この制度が、①最低限度の生活を保障することだけではなく、②「自立を助長する」ことをも目的としていることを明らかにしたものです。そして、何よりも大切なことは、この保障についての責任が、国にあることを定めていることです。

ここでいう最低限度の生活の程度については、これが、憲法25条の規定に基づくものですから、「健康で文化的な」生活を保障する水準のものでなければならないことは当然のことです。

後に述べますように、近年は、この水準（「生活保護基準」といいます）が引き下げられるということが続いていますが、この結果が、「健康で文化的な」生活を保障するのに足りる水準になっていなければ、これは憲法25条、そして、法1条に違反することになります。

また、法にいう助長の対象となる「自立」とは、時々言われるように「制度を利用することがなくなる」=保護の廃止を意味するものではありません。ここでいう「自立」とは、制度利用者が、主人公（主権者）となり、①日常生活を自立して生活できるようにすること（日常生活の自立）、②地域社会の一員として充実した生活を送れること（社会生活の自立）、③就労などにより経済的に自立して生活できること（経済的自立）のいずれをも含む概念です。ですから、生活保護制度を十分に活用しながら、この意味での自立した生活を営むことを目的として制度を運用することこそ、まさに法の趣旨に合うものだと言えます。

（2）無差別平等の原理

法の2条には、「すべて国民は、この法律の定める要件を満たす限り、この法律による保護（以下「保護」という。）を、無差別平等に受けることができる。」と書かれています。先にも述べましたとおり、旧法には、一部の人には、保護を利用する資格を認めないという欠格条項がありました。

しかし、アルコール依存症やホームレス状態にある人など、外見からすれば、自分の責任で生活困窮に陥ったように見える人であっても、その原因には、事故、失業、病気や障害の発生、そして離婚など人間的なトラブルなどさまざまなものがあり、生活困難に陥ることについては、個人責任ではなく、社会的な背景があることが多いのです。また、生活困窮に陥った原因がどうであっても、現在困窮した状態にあれば、差別なく平等に保護を受ける権利を認めることこそ、憲法25条の定めに合うことは先に述べたとおりです。このため、法では、旧法で採用されていた欠格条項を一切認めないこととしました。これが、無差別平等の原理と呼ばれるものです。

しかし、これも、単に形式的な平等を求めるものではありません。

次の章で述べる障害者権利条約では、さまざまなところで障害について「合理的配慮」が必要とされています。その定義については第2条に定められています。生活保護制度の運用にあたって、実質的な平等を図るために、障害のある人については、「合理的配慮」をして、給付内容の上積みや調整を行なうことは当然必要なことで、その点注意が必要です。

（3）最低生活保障の原理

法の3条には、「この法律により保障される最低限度の生活は、健康で文化的な生活水準を維持することができるものでなければならない。」と書かれています。これは、生活保護制度が、憲法25条を受けて、その内容を具体化する制度であるところから、法が保障する生活水準は、「健康で文化的な最低限度の生活」水準でなければならないことを改めて確認したものです。

この原理は、法1条について述べましたように、生活保護の基準額が引き下げられるという場合に、引き下げられた結果が「健康で文化的な最低限度の生活」水準を満たす内容のものになっているかどうかという判断が不可欠であることを定めたもので、極めて重要な役割をはたす原理です。

また、それだけでなく、人工透析の場合に述べましたように、今ある制度では、「健康で文化的な最低限度の生活」が保障できない時には、最低生活を保障する制度や給付水準を新しく作り出さなければなりません。このように、この原理は非常に強い内容を持っているのです。

（4）保護の補足性の原理

法の4条には、1項で「保護は、生活に困窮する者が、その利用し得る資産、能力その他あらゆるものを、その最低限度の生活の維持のために活用することを要件として行われる」として、保護は、自らの力で最低生活を維持することができない場合に行なわれるべきものであることが書かれています。また、2項では、「民法に定める扶養義務者の扶養及び他の法律に定める扶助は、すべてこの法律による保護に優先して行われるものとする」として、民法上の扶養や他の法律や制度で定められている給付・援助などが法に優先して行なわれることが書かれています。さらに、3項では、「前2項の規定は、急迫した事由がある場合に、必要な保護を行うことを妨げるものではない。」として、差し迫った場合には、保護の補足性の要件が満たされない場合でも、必要な保護ができることが書かれています。

この保護の補足性の原理と言われる原理は、これを厳しく運用すれば、本来生活保護を必要とする人が保護を利用できないことになってしまいます。この点については、福祉事務所などの現場で、本来生活保護を必要とする人を申請窓口で排除して申請させないいわゆる「水際作戦」[1]が大きな問題となっています。事例であげました、札幌市白石区の姉妹の孤立死事件がその典型です。この事件は、「求職活動が足りない」=「稼働能力を活用していない」ということが口実になっていますが、法4条1項にいう「能力の活用」が、「水際作戦」を生み出す一つの原因として作用したことを示しています。

ですから、この補足性の原理の運用をどう緩和するかが問題となります。

なお、2項の補足性と「扶養」の問題については、後程詳しく説明したいと思います。

3. 生活保護法における給付の内容

それでは、このような原理の下で、法により給付される内容には、どのようなものがあるのでしょうか。

それは、以下のとおりです。

■生活扶助

日常生活に必要な食費・被服費・光熱費等の費用が給付されます。

生活扶助には、基準生活費と加算があります。

(1) 基準生活費

基準生活費のうち、経常的な一般生活費としては、居宅での保護の場合、個人単位の経費として、食費、被服費、保健衛生費等について年齢により差のある第Ⅰ類と世帯単位の経費として家具什器費、光熱水費、通信費などの費用である第Ⅱ類に分かれて計算されます。

第Ⅰ類では、世帯員が多くなることによるスケールメリットを考えて、世帯員の数に応じた減額調整がされます。

居宅での保護基準は、全国を6つの地域(級地)に分け、大都市やその周辺は、基準額が高くなっています。また、居宅での保護以外の場合、救護施設等、入院患者、介護施設入所者のそれぞれに合わせた基準があります。

なお、暖房費用など冬季に必要な費用に対応するものとして、冬季加算があり、全国を6つの地域(級地)に分けて、寒冷地ほど基準額が高くなっています。

(2) 加算

個人や家族に特別の需要に対応して、最低生活を維持するために加算制度があります。加算には、以下の加算があります。

①障害者加算

障害のある人が健常者に比べて最低生活を営むについて多くの費用が必要とされることに対する加算です。障害の程度が、身体障害等級表1、2級もしくは国民年金別表1級に該当する場合には、1級地では月額2万6310円、2級地では月額2万4470円、3級地では月額2万2630円が加算して支払われます（いずれも2018年4月現在。以下も同じ）。

また、障害の程度が、障害等級表3級もしくは国民年金別表2級に該当する場合には、1級地では月額1万7530円、2級地では月額1万6310円、3級地では月額1万5090円が支給されます。入院患者等については、障害の程度に応じて、月額2万1890円、月額1万4580円がそれぞれ支給されます。

そして、重い障害があって、常時の介護を要する場合には、月額1万4480円が支給されます。また、身体障害等級表1、2級もしくは国民年金別表1級に該当する人を家族が介護する場合には、家族介護加算として、月額1万2140円が支給されます。一方、家族以外の介護人を付ける必要がある場合には、他人介護料として6万9710円が支給されます。なお、この金額でも介護の費用に足りない場合には、特別基準としてこの金額を上回る他人介護料が認められる場合があります。

このように、障害者加算は、「合理的配慮」が具体的に制度として認められたものと言えます。

②妊産婦加算

妊婦、産婦についてはとくに栄養に気を使った食事を摂ったり、生活面でも母体を常に意識した生活が必要となり、妊娠後にはマタニティーグッズを購入したり、産後にはベビー用品が必要になる等生活に必要な需要が増えることから計上される加算です。

③母子加算

家事、育児、仕事を一人で行なわなければならないことで、二人親よりも多くの費用を必要とされる一人親に対する加算です。母子加算とありますが、父子家庭にも適用されます。

④児童養育加算

中学卒業以前の子どもがいる世帯に上乗せされる加算です。一人親でなくても、子どもがいれば加算されます。

⑤介護施設入所者加算

介護施設入所者の基本生活費が算定されている人で、障害者加算または母子加算が算定されていない人についての加算です。加算額は月額９６９０円の範囲内の額とされています。

⑥在宅患者加算

結核患者や、人口透析等を受けている人で、療養に専念している人を対象とする加算です。医師から特別の栄養を摂る必要があると診断された人にだけに計上される加算です。加算額は、1級地及び2級地が月額1万３０２０円、３級地が1万１０７０円です。

⑦放射線障害者加算

戦争時の原子爆弾投下を原因とする被爆者で、負傷または疾病の状態にあると認められ、あるいは、放射線を多量に浴びたことによって、負傷または疾病の状態にあると認められる人に対する加算です。現に治療中か、既に治癒したかによって加算の金額が、月額4万３１２０円と月額2万１５６０円と異なります。

（3）臨時的一般生活費

臨時的一般生活費は、予想外の出来事で多額の臨時の費用支出の必要性が発生した場合には、これに対応するために、被服費、家具什器費、移送費、入学準備金、就労活動促進費などの一時扶助が給付されます。

■住宅扶助

住居に関する費用についての給付です。借家については、家賃相当額が給付されますが、地域ごとに限度額が設定されています。問題は、後に述べますように、この限度額が引き下げられましたが、この限度額が「健康で文化的な最低限度の生活」を保障する内容になっているかどうかです。

なお、転居に際しての敷金や引越し費用なども一定の場合には給付されます。また、住宅の補修、維持のため必要な費用がある場合、最低限度必要な費用も支給されます。

■教育扶助

義務教育である小中学校での教育費用についての給付です（基準額のほかに、給食費、通学のための交通費を含みます）。クラブ活動の経費である学習支援費も支給されます。

■医療扶助

医療について、直接医療機関から(現物給付といいます)自己負担がなくて、医療保険と同水準の給付を受けることができます。

■介護扶助

介護扶助は、介護保険制度が創設された2000年に制度化された給付です。医療については、生活保護制度利用者は、保険の被保険者となることができず、別制度で医療給付を受けることになりますが、介護については、生活保護の利用者も介護保険の被保険者資格を持ったままで、介護保険と同じ内容の給付を受けることができます。介護保険で自己負担とされる部分については、介護扶助で給付され、自己負担はありません。なお、40歳以上で65歳未満の人についても、特定の疾病により要介護状態である人は、介護サービスを受けることができ、その費用は全額介護扶助として給付されます。

■**出産扶助**

分娩と分娩に伴い必要となる費用について、一定の金額の範囲内で給付されます。

■**生業扶助**

生活保護利用者の働ける能力を引き出したり高めたりすることで、収入の増加あるいは自立を助けることを目的として給付されます。

現在、高校などに通う費用をまかなう「高等学校等就学費」、就労に役立つ技能や資格を身につける費用を支給する「技能修得費」、小規模事業を営むための資金を提供する「生業費」、就職が決定して働く際の初期費用をまかなう「就職仕度費」などがあります。

■**葬祭扶助**

死亡診断、死体検案、死体の運搬、火葬または埋葬に必要な費用、納骨その他葬祭のために必要について一定の基準額内で給付されます。

4. 生活保護制度についての9つの質問

このように、すべての人の「健康で文化的な最低限度の生活」を支える制度として大切な生活保護制度ですが、制度についていろいろと疑問があると思いますので、代表的な質問に答えてみましょう。

Q1. 年金や手当を受けているから生活保護が利用できない？

収入が生活保護基準以下であれば、国民年金や厚生年金、雇用保険、児童扶養手当、児童手当などさまざまな給付を受けていても、その足りない金額について保護費が支給されます（法4条の補足性の原理）。

Q2．働いていると生活保護が利用できない？

これも、給料が生活保護基準以下であれば、足りない金額について保護費が支払われます。この場合、勤労控除と必要費用については、経費として認められますので、保護費には経費として認められた部分を加えた金額が支給されることになります。

Q3．住民票が他の市町村にあっては保護が利用できない？

住民票上の住所が住んでいる住所と違った場合でも、現在住んでいる場所の福祉事務所で生活保護を利用することができます。

Q4．住む場所が定まっていない場合には生活保護は利用できない？

現在いる場所（現在地）の福祉事務所で生活保護を利用することができます。なお、新しく安定して住む場所になるところへ入居するための敷金などの費用や布団・家財道具などの最低限度の費用も支給されますので、その点注意が必要です。

Q5．持ち家があると生活保護は利用できない？

持ち家（自宅）があっても、保護は利用できます（法4条は、自宅の処分までは要求していません）。ただ、自宅があまりに高額な場合には売却するように指導される場合があります。高額と言えるかどうかは、ケース診断会議で検討して決めることになっています。その場合、ケース診断会議にかけるかどうかは、その福祉事務所の最上級地の３人家族の基準生活費10年分＋住宅扶助特別基準額10年分の合算額を基準として諸事情を考えて決めることになっています。なお、東京都では、これに、高額療養費の自己負担限度額の10年分を加算して高額といえるかどうか決定することになっているようです。

また、自宅に住宅ローンが設定され、これを支払っている場合には、原則としてローンを支払いながら自宅を持ち続け、生活保護を利用することはできず、自宅の処分を求められることになります。そして、自宅の持ち主が65歳以上の場合には、自宅を担保に社会福祉協議会から貸付を受ける制度（リバースモーゲージ制度）の利用を求められることがあります。

Q6．年が若いから働けるはず？

札幌市白石区の事件を思い出してください。年が若いから生活保護制度の利用が認められないということはありません。たとえ若くて健康な人であっても、仕事を探しても見つからなければ、生活保護の利用は認められます。若くても、障害があって仕事が見つからないとか、仕事の収入が生活保護基準を下回る場合にも、生活保護を利用できます。

Q7．自動車を持っているから保護は利用できない？

自動車を持っていれば、原則として保護は利用できません（法４条の補足性の原理。処分して、代金を生活費に充てるべきとされています）が、一定の場合には、自動車を持っていても、保護を利用することができます。例えば、①失業している場合でも、半年以内(場合によっては1年以内に延長できる)に再就職が見込める場合②公共交通機関がほとんどない地域で通勤する場合③早朝深夜の通勤に必要な場合④障害のある人の通勤・通院に必要な場合⑤事業に使うため必要な場合などで、いずれも自動車が高価でない場合などについて自動車の保有が認められます。

かつて、生来の股関節の障害があるため、外出するためにはどうしても自動車が必要とされる人について、自動車を通院だけでなく買い物や近所とのお付き合いなど一般的な外出のために使っていることを理由に、福祉事務所が保護を廃止し、その後も保護申請を認めなかった事件がありました。この事件について大阪地方裁判所は、「障害者が通院するために自動車の保有を認められている以上、これを買い物や近所との付き合いなど一般的な外出のために自動車を使うことは、障害者にとって当然認められる」として、保護の廃止処分を違法とし、保護申請の拒否処分を取り消し、損害賠償請求を認めました（枚方障害者自動車保有訴訟、大阪地裁2013年4月19日判決・賃金と社会保障1591・1592号64頁掲載）。この事件は、1審で確定していますが、障害者の「移動する権利」を保障し、「合理的配慮」を認めたものとして重要な判決です。全国の同種の事例に積極的に活用すべき事件です。

Q8．収入は全部差し引かれるの？

法4条の補足性の原理からすれば、生活保護利用者の収入は、すべて収入として認定され、支給される保護費から差し引かれるように見えます。しかし、法1条の「自立を助長する」という目的があることを忘れてはなりません。

つまり、生活保護利用者の収入については、自立の助長を考えて、一部収入として認定しない扱いがあります(2)。

例えば、働いて得た収入については、勤労控除と必要経費の控除が認められます。また、年金、手当の収入についても、この給付を受けるについての必要経費の控除が認められます。仕送り、贈与、財産収入についても、必要経費の控除が認められますし、資産の処分、保険金その他の臨時収入については、8000円を一律控除することが認められています。

そのほかに、自立更生目的の貸付金、恵与金、災害等に関係する補償金、見舞金、死亡にかかる保険金、保護の実施機関の指示・指導で動産・不動産を売却した対価や就学中のアルバイト等の収入についても収入認定から除外されます。

また、心身障害者扶養共済制度に基づく年金について、福祉事務所が、収入認定の対象としたところ、これが、もともと掛け金を支払った結果として介護のために必要な費用として給付されていること、そして、他人介護料が十分な額として支給されていないことなどから、法4条1項の資産とは言えず、収入認定の対象とならないとして、収入として認定した処分を取り消した判決があります（高訴訟、金沢地裁1999年6月11日判決・判例時報1730号11頁、名古屋高裁金沢支部2000年9月11日判決・判例タイムス1056号175頁、最高裁2003年7月17日決定・判例集未登載）。そして、この判決の結果、実務の取り扱い基準（保護の実施要領）においても、この年金については、収入認定しないように変更されました。

Q9．まず、親族の「扶養」をもとめなければならないの？

法4条の2項に、夫婦、親子や親族間の「扶養」が書かれているところから、これをどう取り扱うかが問題になります。

生活保護を申請しようとした際に、「別れた夫から仕送りをしてもらいなさい」とか、「親や親戚から援助してもらいなさい」などと言われ、申請が拒否されることが少なくありません。しかし、この「扶養」問題は、生活保護を利用する際の要件ではありません。条文上は、単に、「扶養が保護に優先する」とされているのに過ぎません。この点を十分注意する必要があります。

つまり、この規定は、保護を利用している人に対して実際に扶養や援助などの仕送り等が行なわれた場合に、これを収入として認定し（差し引いて）、その援助の金額の分だけ保護費を減額するという意味にすぎないのです。

ですから、扶養の義務のある人の扶養を受けなければ保護が受けられないということはありません。福祉事務所が、まずは扶養を求めなさいといって、保護の申請を拒否することは、法4条2項に違反して、違法ということになります。

民法では、「夫婦は同居し、互いに協力し扶助しなければならない。」（752条）とされていますし、同法877条1項には、「直系血族及び兄弟姉妹は、互いに扶養をする義務がある。」（877条1項）とされています。また、「家庭裁判所は、特別の事情があるときは、前項に規定する場合のほか、三親等内の親族間においても扶養の義務を負わせることができる。」（877条2項）と定めています。

このうち、夫婦と民法877条1項に定められた直系血族と兄弟姉妹は、絶対的扶養義務者と呼ばれているのに対して、同条2項に定められた三親等内の親族は、相対的扶養義務者と呼ばれていまして、家庭裁判所が「特別の事情」があると認めた例外的な場合だけ扶養義務を負うものとされています。

さらに、扶養義務の程度を考えてみた場合には、「強い扶養義務を負う場合」と「弱い扶養義務を負う場合」の2つの程度の違いがあり、「強い扶養義務を負う場合」とは、夫婦と未成熟の子に対する親の扶養義務の場合だけであるとされています。兄弟姉妹間や成人した子の老親に対する扶養義務は、「弱い扶養義務を負う場合」＝「義務者がその者の社会的地位にふさわしい生活を成り立たせたうえでなお余裕があれば援助する義務がある場合」にとどまるものなのです。

このような点からすれば、かつて2012年に「お笑いタレントの母親が生活保護を受けている」ということで問題とされた事件は、もともとまったく問題とされるべきものではなかった事件です。つまりこのケースの場合には、お笑いタレントが、余裕のある範囲で仕送りをしていたのですから、扶養義務を果たしていなかった事実はなかったのであり、何ら違法ではなかったのです。

つまり、この事件は、根拠のない「生活保護バッシング」(3)そのものだったのです。話をもとに戻しますと、障害のある人が生活保護を申請した場合に、「親から援助して（扶養して）もらいなさい」と言われ、申請を拒否されることがありますが、すでに説明しましたとおり、これは、明らかに違法なのです。

5. 生活保護利用者数の動向と貧困の深化・格差の拡大

生活保護利用者数の推移とその特徴

以上、生活保護制度の原理、給付内容そして運用の疑問点と答えを述べてきましたが、以下では、生活保護利用者数の実際の推移とその特徴について見てみることにします。

１９５０年に現行法が施行されて以降の生活保護制度の利用者数がどう変わったかをみてみますと、図１（28ページ参照）のとおりになります。

現行制度発足当時、生活保護利用者数は２０４万６６６２人、世帯数は69万９６６２世帯、保護率は2・42％でしたが、経済の発展とともに生活保護制度利用者、世帯数ともに、全体的傾向として徐々に減少していきました。

そして、１９９５年に、利用者数は88万２２２９人と最少数となりました。

しかし、その後は一転して増加の傾向を示します。２００５年に１４７万５８３８人、そして11年７月には２０５万４９５人と制度発足以来最多数となりました。なお、その後は、15年３月の２１７万４３３１人をピークに減少の傾向を示し、18年３月には２１１万６８０７人、世帯数１６３万９７６８世帯、保護率は

図１　被保護世帯数、被保護人員、保護率の年次推移

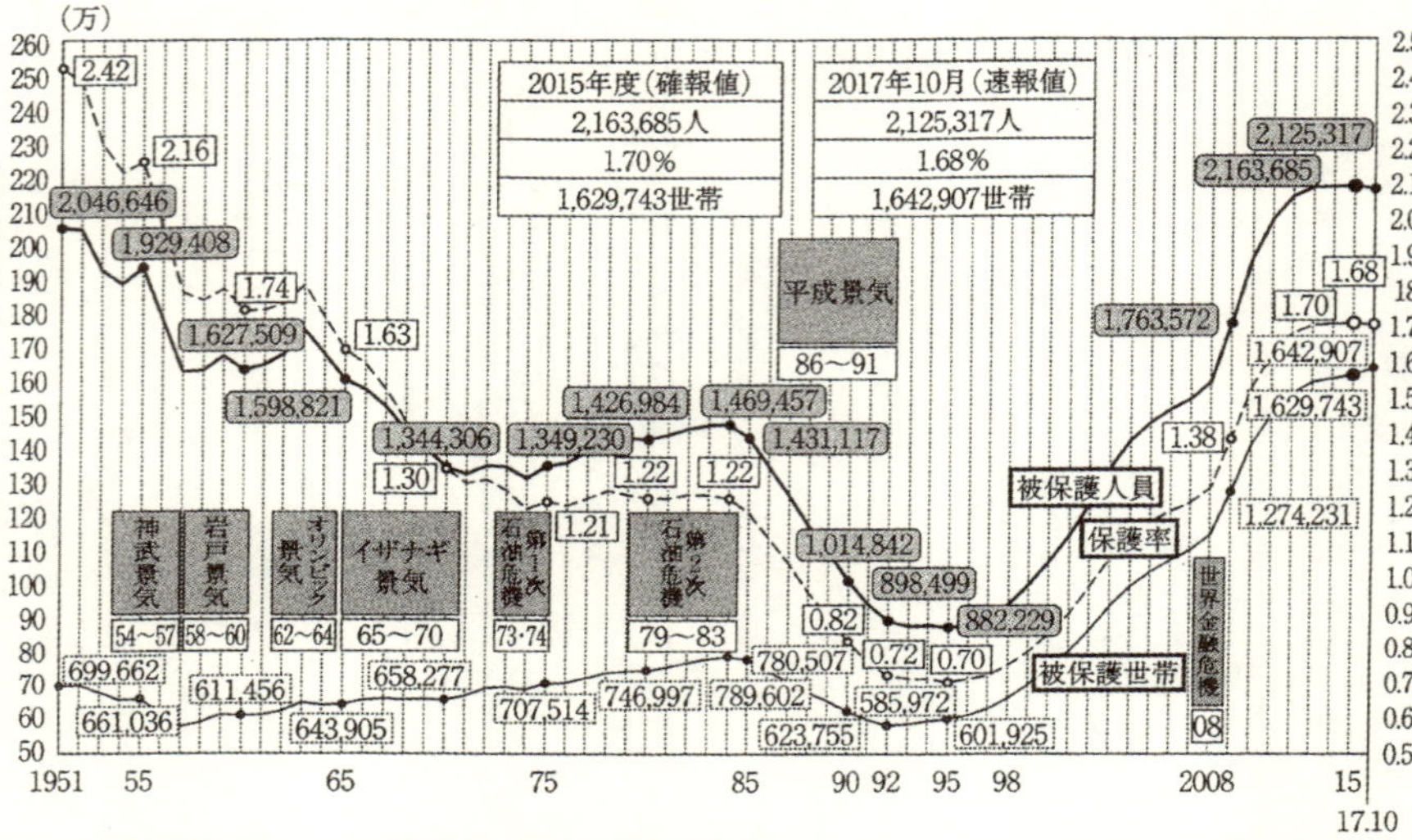

資料：被保護者調査より厚生労働省社会・援護局保護課にて作成（2012年３月以前の数値は福祉行政報告例）

１・67％となっています。

しかし、その中で注目すべきことは、２０１６年３月から18年３月までの間の「世帯類型別：現に保護を受けた世帯数」がどう変わったかをみてみますと、高齢者世帯は82万６６６０世帯から87万７８４７世帯へと６・19％、障害のある人の世帯は18万９５０８世帯から19万６１５０世帯へと３・50％、それぞれ増加していることです。

これに対して、母子世帯は12・27％、傷病のある人の世帯は10・66％、その他世帯は５・57％とそれぞれ減少しているのです。

このように、生活保護制度利用者全体が、減少の傾向を見せる中でも、高齢者と障害のある人の利用者数は、依然として増加傾向にあることが、注目されます。

貧困の深化と格差の拡大

かつて、日本には、もはや貧困はないと言われた時期もありました。しかし、現実には「餓死」する人があとを絶たない状況が続いていたのです。餓死者の数は、１９９２年に21人、95年に58人、98年に78人、

２００１年に62人、03年に93人と増加していましたし、その後も、06年に57人、09年に58人、12年に31人、15年に59人と減少はしていますが、未だにあとを絶たない状態なのです（いずれも「厚生労働省人口動態統計」による)。

一方、１世帯当たりの平均所得金額を見てみますと、１９９４年には、６６４万２０００円だったものが、２０１５年には５４５万８０００円と激減しています(「厚生労働省国民生活基礎調査」による)。また、貯蓄なし世帯の推移を見ても、１９９２年には9.3％だったものが、２０１６年には48％と急増しています（「金融広報中央委員会家計の金融行動に関する世論調査」による)。

なお、貧困率は１９９１年には13・5％（子どもについては12・8％)、２０００年には15・３％（同14・5％)、06年には15・７％（同14・２％)、さらに、12年には16・１％（同16・３％)と悪化しています(「厚生労働省国民生活基礎調査」による)。

15年には、15・６％(同13・９％)と若干の改善を示しているように見えますが、これは、貧困の基準となる貧困線(世帯の可処分所得の中央値の半分の金額)自体が低下していて、相対的に貧困世帯の割合が低下しているように見えるところからこのような結果になったもので、貧困化が進んでいる実態に変わりはありません。

そして、格差の程度を示すジニ係数（１に近いほど格差が進み、０に近いほど格差が少なくなる）をみても、１９９３年に０・４３９（税金や社会保障により所得再分配した後は０・３６５)、99年に０・４７２（同０・３８１）であったものが、２００５年に０・５２６（同０・３８７)、11年に０・５５３（同０・３７９)、14年に０・５７０(同０・３７６)と徐々に格差が拡大しています(「厚生労働省14年所得再分配調査結果」による)。

なお、障害のある人の所得状況がさらに深刻であることは、きょうされんが２０１６年5月に発表した「障害のある人の地域生活実態調査」で、生活保護を利用している人の割合が11・４％（一般の利用率の６・75倍)、利用していない人の割合が88・６％となっているなど、次の章で詳しく説明されているとおりです。

6. 生活保護の現場の状況

「水際作戦」「硫黄島作戦」(4)「沖合作戦」(5)と呼ばれる事態の進行

このような状況からしますと、今こそ生活保護制度の内容、運用の充実こそが求められているのです。にもかかわらず、現場では、生活保護の申請・利用を制限しようとする「水際作戦」、「硫黄島作戦」、そして「沖合作戦」といわれる行為が横行しているのが実態です。

例えば、2005年から3年連続で表面化した北九州市の餓死・自殺事件(6)は、「水際作戦」と「硫黄島作戦」がとられ、これらの事件が表面化したものでした。また、事例で紹介した札幌市白石区の姉妹の孤立死事件では、お姉さんが3回にわたって福祉事務所を訪れているにもかかわらず、いずれも追い帰された結果、孤立死に至ったという事件で、まさに、「水際作戦」が問題となった事件でした。このように「水際作戦」、「硫黄島作戦」、そして「沖合作戦」は、障害のある人にとっても、無縁ではありません。

極めて低い捕捉率

生活保護の利用要件を満たす人のうち現実に利用している人が占める割合を生活保護の捕捉率といいます。日本では、これが極めて低いのが、特徴です。わたしたちの調査(7)によりますと、捕捉率は、ドイツで64・6%、フランスで91・6%、イギリスで47%、スウェーデンで82%と推定されています。これに対して、日本の捕捉率は、15・3%から18%と推計されています。

2010年4月に、厚生労働省が「国民基礎生活調査」に基づく推計を公表しましたが、これによりますと、所得のみに注目した捕捉率の判定では15・3%、保有している資産も考慮した捕捉率の判定でも32・1%であるとされていました。その後、2018年5月に公表された推計でも、所得のみの判定で22・9%、保有している資産を考慮した判定で43・7%でした。このように、やはり捕捉率は2割前後（収入比較）、4割前後(収入と一部資産を考慮して比較)で、約6~8割もの受給漏れがあることが明らかになっているのです。

このように低い捕捉率は、日本において、生活保護がその機能を十分に発揮しているとはいえない状況にあることを示しています。

7．ナショナル・ミニマムの大幅な引き下げ

2004年からの老齢加算と母子加算の削減・廃止と「生存権裁判」

これまで述べたとおり、生活保護制度は、障害のある人にとって極めて重要な役割を担っている制度です。また、その制度の矛盾と違法な運用について、裁判によって、数多くの制度利用者が原告となって、その是正をせまって、被害の回復と制度改革を求めてきた生活保護制度ですが、その基準が今次々と引き下げられています。最初の大幅な基準引き下げは、2004年からの老齢加算の削減・廃止、2005年からの母子加算の削減・廃止でした。そして、これに対して、憲法25条違反を理由に「生存権裁判」が全国10地裁、原告約120人で提起されました。

このうち、老齢加算の削減・廃止については、東京地裁での提訴分の最高裁判決（最高裁2012年2月28日判決民集66巻3号1240頁)をはじめ、福岡、京都、秋田、新潟、広島、青森、兵庫地裁提訴分のいずれについても、上告棄却、上告不受理の判決、決定が出されています。

一方、母子加算については、裁判と運動の成果で民主党政権下の2009年に復活することができました。しかし、老齢加算は、廃止されたままになっています。

「いのちのとりで裁判」の提起

その後、さらに2013年8月から3年間にわたって平均6.5％、最大で10％、670億円の生活扶助基準の引き下げがなされ、これに対する違憲・違法訴訟(いのちのとりで裁判)も全国29地裁、原告約1000人で提訴されています。

もともと2013年の生活扶助基準の見直しにあたっては、厚生労働省の社会保障審議会生活保護基準部会の報告書では、基準はおおむね妥当であるとして、高齢者については、老齢加算が廃止されたので、生活扶助基準をむしろ上げないと生活困難に対応できないとされていました。また、この報告書では、今後は、低所得層との比較で保護基準を決めるのではなく、最低生活費のあるべき姿を国際的な研究成果を生かしながら、別の方法も検討すべきであるとしていたのです。

にもかかわらず、厚生労働省は、基準部会でも議論されなかった「物価が下落している」ということを理由に、しかも、それの下落率についても、物価偽装と批判される根拠のない計算方法を採用して、2013年から大幅な生活扶助基準の引き下げを行なってしまったのです。これに対して提訴されたのが、「いのちのとりで裁判」なのです。

さらに、この引き下げ後、2015年に厚労省は、住宅扶助基準と冬季加算の引き下げを実施しています。

さらなる引き下げが意味するもの

また、2013年に引き続いて5年目の生活扶助基準の見直しがなされる2018年を迎えて、厚生労働省は、２０１７年12月14日に、２０１８年10月から３年間で平均1.8％、最大５％、年額で１６０億円に及ぶ生活扶助基準の引き下げを決定しました。

この引き下げの第１の問題点は、当事者の生活実態の聞き取りや家計調査などをまったく行なうことなくこれを実施したことにあります。障害者施策の決定においては、「私たちのことを、私たち抜きで決めないで」という考え方が、当然とされていますが、生活扶助基準の決定の際には、これが実行されていないのです。

また、第２の問題点は、国民の下位10％の所得層の消費水準と生活保護利用世帯の消費水準を比較して、保護利用世帯の方の消費が多いとして引き下げを決定したことにあります。先にも述べましたが、生活保護制度の捕捉率が、約２割と言われて、異常に低いことが問題となっている日本で、このような比較方法をとりますと、実際には生活保護を利用できるにもかかわらず我慢して利用していない世帯を比較の対象とすることになります。そして、お互いに低い方に向かっていくという「負のスパイラル」になって、次から次へと引き下げの結果をもたらすことになりかねません。

国連の経済社会理事会の下に設置された人権委員会から任命された専門家の人たちは、２０１８年５月24日に、この「貧困層の社会保障を脅かす生活保護費削減」について警告を発し、この引き下げは、「日本が国際的に負っている義務に違反する」との強い文言で、再考を求めています。つまり、これは、憲法25条、生活保護法１条、３条に違反しているると警告しているのです。

8．さらに続く生活保護法の「改悪」

生活保護制度の「改悪」は、基準の引き下げだけにとどまりません。

安倍政権は、さらなる「法」そのものの「改悪」を図ってきました。

生活保護法の「改正」が、2018年6月1日に成立しましたが、その中には①法63条に基づく「払いすぎた保護費の返還請求権」について、法78条の返還請求権と同じく破産した場合にも支払わなければならないという非免責債権にするとともに、保護費からの天引き徴収を可能にする、②生活保護の医療扶助について、これまでは、後発（ジェネリック）医薬品の使用に「努める」とされていたものを、「原則とする」ことへの「変更」が入っています。

このうち、①については、法78条が生活保護費を不正受給した場合の規定で、この債権が不法行為に基づく損害賠償請求権であって、法63条は単に保護費を受け取りすぎた場合の規定で、この債権が不当利得返還請求権の性質を持つものであるのに対して、この両者はまったく異なることを無視しています。

また、②は、世界医師会総会が1981年に採択した「患者の権利に関するリスボン宣言」での「患者の自己決定権」を無視していますし、もともと、これまで経済的な差に関係なく「いのちと健康は平等に保障されるべきだ」という考えに立ってきた日本の医療を根本的に覆すものでして、到底認められるものではありません。

9. 障害者施策として生活保護制度に求められるもの

これまで述べてきた生活保護制度の意義、そして、障害のある人にとっての重要性に見ますと、以下のようなとりくみが、今求められています。

社会保障制度、労働政策全体の「底上げ」の必要性

既に述べました障害のある人の深刻な生活実態からすると、生活保護制度の充実が必要であることは言うまでもありませんが、生活保護制度のみで、障害のある人の生活問題の解決を担うことは到底できません。また、生活保護制度の充実、改善のためには、医療、介護、年金、住宅政策、労働政策など他の制度・施策の充実、底上げとともに連帯したとりくみ、運動がどうしても必要です。他の制度・施策の充実、底上げがなされないのに、生活保護制度のみの充実・引き上げができるはずがありません。とくに、障害年金については、年金額の引き下げ問題だけでなく、障害等級の認定基準を明確にする、全国的に統一することを口実に認定を厳格にしたことが大きな問題となっています。障害等級の認定が厳しくなり、これまで認定されていた障害等級が認定されなくなったり、等級が下がったりすれば、障害年金が支給されなくなったり、減額されたりするだけでなく、障害者加算の額が減額されたり、計上されなくなったりすることにつながります。

現在、障害等級の認定の厳格化による年金の打ち切りが問題となっていて、1型糖尿病については、集団訴訟も提起されていますが、この問題提起をさらに広げて、認定の厳格化を撤回させていく必要があります。

また、「働きたい」という仲間の要求に応えた労働環境の改善や法定雇用率のさらなる改善、賃金の増額、そのための助成金の充実などの実現も大切なことです。

相次ぐ引き下げの撤回と引き上げを

先に述べました「相次ぐ引き下げ」の結果、憲法25条と生活保護法1条、3条に定める法の目的、最低生活保障の原理は、まさに崩壊しようとしています。

真に「健康で文化的な生活水準」を保障する基準を確立するためには、引き下げを撤回し、「生存権」を

保障する生活保護基準に転換させなければなりません。

また、障害者の特別な費用に対応するために認められている障害者加算についても、今後削減・廃止の恐れがあります。これを許さないとりくみも強めていく必要があります。また、他人介護料制度については、一層の充実が図らなければなりません。

利用しやすい制度への根本転換を

「生活保護バッシング」「水際作戦」「硫黄島作戦」「沖合作戦」などによって、生活保護の申請・利用権が侵害されるという事態は根絶されなければなりません。とくに、これらの被害は、障害を持つ弱い立場の人たちに集中してあらわれることが少なくありません。

このような事態を改めるために、現行の生活保護制度については、「生活保護法」から「生活保障法」への名称変更、制度の広報・周知徹底を行政に義務付ける、捕捉率の向上の義務付け、申請権の保障、補足性の原理の緩和、扶養義務の軽減、保護基準決定についての当事者参加を法律で定める、ケースワーカーの専門性の保障と人員増加などを内容とする抜本的な法改正がなされる必要があります(8)。

補足性の原理の運用上の緩和を

生活保護法4条の補足性の原理については、その運用が厳格化されると、法1条の目的、法3条の最低生活保障の原理を無意味にしかねない危険性があります。

障害のある人への「合理的配慮」のために、補足性の原理は緩和されなければなりません。

障害のある人が自動車を保有できる要件を正しく認定した枚方身体障害者自動車保有事件判決の成果はもっと広げる必要があります。また、扶養の要件についても、先に述べましたように、法の目的に合致した正しい運用が図られる必要があります。

そして、年金が遡及《そきゅう》支給された際の法63条の適用に関しては、原則として全額を収入として認定すべきであるとの通達（２０１２年7月23日社援発０７２３第1号、厚生労働省社会・援護局保護課長通達）が出されていますが、自立助長の観点から全額を収入認定などすべきではなく、自立に必要な費用の控除が当然認められるべきです（9）。

身近な相談機関の積極的活用を

法の運用が正しく行なわれない実態が少なくなくありません。しかも、法の正しい内容と解釈が、必ずしも当事者に知られていない実態があります。このため、生活保護支援法律家ネットワーク、各地の法テラス、弁護士会、ＮＰＯなど法律相談、身近な相談や申請同行機関を積極的に活用すべきです。

なお、各地の生活保護支援法律家ネットワークの連絡先は、以下のとおりです。

（1）生活保護の申請窓口において、さまざまな理由で申請を受付けず門前払いすることにより拒否すること。保護の申請の「水際」で申請させないという方策をとるところから、このように呼ばれています。

首都圏生活保護支援法律家ネットワーク	０４８―８６６―５０４０
東北生活保護利用支援ネットワーク	０２２―７２１―７０１１
北陸生活保護支援ネットワーク石川	０７６―２０４―９３６６
北陸生活保護支援ネットワーク福井	０７７６―２５―５３３９
生活保護支援ネットワーク静岡	０５４―６３６―８６１１
東海生活保護利用支援ネットワーク	０５２―９１１―９２９０
近畿生活保護支援法律家ネットワーク	０７８―３７１―５１１８
生活保護支援中国ネットワーク	０１２０―９６８―９０５
四国生活保護支援法律家ネットワーク	０５０―３４７３―７９７３
生活保護支援九州・沖縄ネットワーク	０９７―５３４―７２６０

(2)全国公的扶助研究会監修、吉永純編著「Q&A生活保護手帳の読み方・使い方」明石書店123頁以下参照。
(3)生活保護について、根拠のない批判をして、制度そのものあるいは、制度利用者を攻撃することをいいます。2012年の「お笑いタレント」の母親が生活保護を利用していることを、不正受給であると一部の自民党議員が攻撃したことに代表されるように、「生活保護を受けることを恥だと思わなくなったのが問題だ」「生活保護は不正受給だらけ」などの生活保護の権利性を弱め、生活保護を利用することは恥であるという「スティグマ」(恥の烙印)を強化する動きを指します。
(4)生活保護の申請窓口においては受け付けるものの、その後、稼働能力の極端な活用や扶養の強制を求めるなどさまざまな圧力をかけることによって、保護の辞退に導くことを言います。太平洋戦争末期に「硫黄島」において日本軍が採用した米軍を上陸させて、内陸部で一人一人を攻撃する作戦と同様に、申請は受け付け、その後、さまざまな無理な要求をして、保護の辞退に導くことからこのように呼ばれています。
(5)生活保護の申請窓口にすら近づけず、保護をあきらめさせられるか、他の制度の利用に導かれるかという手法で、保護申請に至らなくすることを言います。「水際」にすら近づけない点で、申請権の保障上問題の多い手法であると言われています。
(6)藤藪貴治、尾藤廣喜著「生活保護『ヤミの北九州方式』を糾す」参照。
(7)生活保護問題対策全国会議監修、尾藤廣喜、小久保哲郎、吉永純編著「生活保護『改革』ここが焦点だ!」あけび書房、101頁参照。
(8)生活保護問題対策会議編「『生活保護法』から『生活保障法』へ」あけび書房 参照。
(9)尼崎市法63条返還請求事件、大阪高裁2013年12月13日判決、賃金と社会保障1613号、北九州市八幡東区63条返還請求事件、賃金と社会保障1615号・1616号合併号参照。

障害のある人と生活保護

赤松　英知

1. 生活保護を利用しながら自分らしく生きる人たち

(1) 保護日が待ち遠しいAさん

「保護日はまだか?」 2ヵ月に一度の生活保護費の支給日を、Aさんは保護日と呼び、待ち遠しそうにしていました。というのも、保護日が近づく頃には手元のお金は底をついて、大好きなタバコも買えないからです。でも、吸い終わったタバコをかき集めてもう一度吸う姿に、不思議と悲壮感はありません。むしろ「これが俺の暮らし」とばかりに、楽しんでいるようにさえ見えました。

15歳から41歳まで、福岡の片田舎から大阪へはたらきに出ていたAさんは、いわゆる金の卵と呼ばれる世代でした。大阪では建設現場ではたらいていたそうで、気性は荒かったようですが、給料が出るとお菓子を買いこんで子どもたちに分けていたというエピソードなども話してくれました。また、初めての会社は2年で倒産したので、その頃の生活は大変だったそうです。

からだを壊して地元に帰ってからは、車いすを利用するようになり、作業所への通所をはじめます。生活保護の利用もこの頃からでした。一人暮らしのAさんは、とくに無駄遣いをすることはなかったのですが、日用品の修理や分解をするのが好きで、時には分解したまま元に戻すことができず、余計な出費をしなくてはいけなくなることがありました。また、病院にはそれほどお世話になる人ではありませんでしたが、何かあったときには無料でみてもらえるという安心感は大きかったように思います。

生活保護を利用するようになって健康面や経済面の生活基盤が整ったことで、Aさんは作業所での仕事や生活を通して、ゆたかな姿を見せてくれるようになりました。入った当初はみんなと給食を食べないことが続いたり、大きな声で怒鳴って他の利用者とトラブルになることが多かったのですが、徐々に穏やかさを取り戻して、担当していたさをり織りしごとのなかで、他の利用者の仕事を手伝うようにもなりました。雨が続くと「雨が降らんとお百姓さんが困るやろ」と周囲をなごませたり、後進する車を見かけると「オーライ、オーライ、ぶつかるまでオーライ」とユーモアたっぷりに誘導していました。また、シニアカーを入手してからは行動範囲が広がり、自分で町に出かける機会が増えました。

加齢とともに通常のトイレが使えなくなるなど身体障害が進行したこともあり、公営団地の障害者向け住宅に移って、同じ作業所ではたらくDさんと共同生活をはじめ、ヘルパーも利用するようになりました。Dさんは軽度の知的障害がありましたが、ヘルパーさんが来ない時間はAさんの移動を手伝ったり、何か異変があると職員に連絡をしてくれるなど、さながらAさんの専属アシスタント役をしてくれました。また隣の部屋には、やはり同じ作業所の女性のEさんが住んでて、この3人でよくおしゃべりを楽しんでいました。

晩年は施設や病院での生活となりましたが、Aさんは必要な支援を受けながら人間関係を広げて、できる限り地域での生活をエンジョイしていたように思います。こうしたことが可能になったのは、生活保護の利用によって暮らしの基盤が安定したことや、費用の心配をせずに福祉や医療の支援を利用できたからでしょう。

(2) 時間をかけて人生を取り戻すBさん

軽度の知的障害があるBさんは、一見すると障害があるようには見えない男性です。以前の職場では、知的障害があるためにわからないことや失敗することが多く、その度に周囲から厳しいことばを投げつけられていたといいます。Bさんは余りのつらさから仕事に行くことができなくなり、一人暮らしの自宅に引きこもりがちになりました。

そんなBさんに転機が訪れたのは43歳の頃でした。地域の支援者であるFさんと出会って生活保護と障害者手帳の申請などを援助してもらい、作業所ともつながったのです。作業所には知的障害や身体障害の重い人、ことばを話すことができない人などが多かったので、Bさんは仕事や生活の面で自分の役割を果たしながら、他の利用者の手伝いなどもするようになります。また、現在Bさんはグループホームで生活していますが、同じ作業所ではたらく車いす利用者のGさんが体験利用したときには、優しいことばをかけて移動を手伝うなどしていました。これを見て、周囲の利用者がBさんとの距離をいっそう縮めることができたのでした。

考えてみれば、それまでのBさんは、職場ではばかにされてばかりで、それに耐え切れず自宅に引きこもっていたのです。それが、作業所に通うようになって、等身大の自分を受け入れてもらうことができたことや、他の利用者の手伝いをするようにもなり、周囲から頼りがいのある存在として受け入れられるようになったことは、Bさんにとって、とても大きな変化でした。

現在61歳になるBさんはまだまだ若々しく、気持ちも服装もハツラツとしています。しかし、作業所に通いはじめてしばらくした頃に一般就労の希望を聞くと、表情を曇らせていました。現在でもこの点は変わらないようで、作業所のメンバー数人と地元の会社などではたらく施設外就労に携わったときも、工賃が上がるのにもかかわらずBさんは気が進まないようでした。また、地元の農家の協力でプチトマトの栽培に携わったときは、ハウスの中での肉体労働で体力的にも厳しかったこともあり、短期間で断念しています。

Bさんが一般就労を避けるのは、加齢に伴う体力面での心配や、環境の変化が苦手だということもありますが、何よりも以前の職場で厳しいことばを投げつけられたことが大きく影響しているのでしょう。引きこもりに追い込まれるほどの激しいいじめがトラウマとなり、何年もたった今でも彼の心の中に巣くっています。彼は時々、他の利用者への声かけが厳しい言い回しになることがあります。それは、もしかしたら彼自身が以前の職場で投げつけられていたことばや言い回しなのかもしれません。過去に受けたいじめから今も自由になることができないBさんに「あなたは体も丈夫で障害も軽いのだから、作業所ではなく一般の会社ではたらいてください」と迫ることはできません。

Bさんは今、人生の大切な時間を、何年もかけて取り戻そうとしているかのようです。作業所ではたらくことや周囲に仲間がいること、そして自分の存在が認められ役割があることを噛みしめながら、今を生きています。そのうちに、かさぶたが取れるように彼の心の傷が癒えて作業所とは違うところではたらきたいと思う日が来るかもしれないし、その前に年齢を重ねてはたらくことが難しくなるかもしれません。どちらになっても、彼が選ぶ彼自身の唯一無二の人生です。このような価値ある人生の試行錯誤ができるのも、生活保護によって生活の基盤が安定したからだと思います。

（3）いくつになっても自分らしく生きるCさん

Cさんは精神障害と軽度の知的障害をあわせもつ64歳の女性です。長年、同居していたお母さんは5～6年前から高齢者のグループホームで暮らし、2年前に他界しました。その後、Cさんはアパートで生活していた時期もありましたが、今は入所施設を生活の拠点にして、昼間は作業所に通っています。生活保護はお母さんと同居していた頃から利用していました。

Cさんは精神面で不調になると自分から入院を申し出て、落ち着くまで精神科病院で生活するというたくましさをもっています。病院や社会福祉協議会などの利用者やスタッフの中に顔見知りが多く、とても付き合いの広いCさんですが、時に激しいことばの応酬から対人関係でトラブルとなることもあります。一方で「彼氏ができた」と心躍らせて報告してくれることもあり、ある時期は作業所に通うことよりも2人で過ごす時間を優先するなど、彼氏に夢中でした。

また、現在生活している入所施設に引越をするときには、自宅にたくさんあった荷物の処分が問題になりました。全部を持っていくことは到底できませんが、長年の思いがつまった品々ですから、Cさんとしてはどれも捨てることができず、処分を勧める支援者などに悪態をついていました。でも、入院中に一目ぼれした看護師さんの一言で、荷物の大半を処分することを決意したのです。先の彼氏のエピソードもそうですが、Cさんはいくつになっても恋する乙女のような気持ちを持ち続けています。

作業所は休むことも多いのですが、困ったことがあると職員に相談するので、作業所のことはあてにしているようです。年齢を重ねて体調面では足への負担が大きくなり、ひざの手術を受けています。現在は杖を突いて歩くようになり、以前のように自由にあちこち行くことは難しくなりました。

加齢に伴う体調面の変化は避けようがありませんが、そんなことにくじけるCさんではありません。いくつになっても言いたいことを言って、恋をして、エネルギーに溢れる生き方は彼女の個性の表れです。また、作業所や病院、社会福祉協議会などの支援機関とそのスタッフを自分の必要に応じて使い分けていて、たくましく生き抜く力を備えているのです。

Cさんがいろいろな問題はありながらも、このように自分らしい人生を送ることができるのも、生活保護を利用することで生活の基盤が安定しているからです。とくに定期通院や入院など、医療との関係が不可欠となる精神障害のあるCさんにとって、医療扶助によって医療費が無料となっていることは、安心の大きな源になっています。彼女のインパクトのある姿を思うにつけ、それはCさん自身が培ったたくましさとして表に出てきていると同時に、その後ろ側にはこれを可能にしているいくつかの環境があって、生活保護がその重要な部分を占めていることに気づきます。

2. 生活保護は誇りをもって生きるための選択肢

(1) 3人が教えてくれること

一般に、生活保護を利用することは恥ずかしいことだと受け止められることが多く、障害のある人やその家族の中にも「生活保護だけは受けない」とおっしゃる方は少なくありません。そのことばの奥には、人様の世話になることをよしとしない慣行や、財政が厳しいという政府などの宣伝から、生活保護ではなく自分で稼ぐべきだと考えるようになるといった事情があるように思います。だとすると、生活保護はお金ばかりかかる迷惑な制度で、はたらかずにこれを利用することは恥ずかしいことだという意識につながりそうです。このように、ある事柄に負のレッテルを貼ってこれが人に恥や屈辱を与えることをスティグマといいますが、生活保護という制度は本当にスティグマなのでしょうか。

前項で生活保護を利用しながら地域で生活をしている3人の障害のある人を紹介しました。私がこの3人から学んだのは、自分らしく生きることが先にあって、そのための手段として生活保護があるということです。そこには恥や屈辱といった消極的な印象はまったくなく、周囲の支援をうけながら生活保護を自ら選択していると言ってもいいでしょう。つまり、3人にとって生活保護はスティグマなどではなく、単純に人として誇りをもって生きるうえで必要な制度なのです。人として生きる資格や地位を求めることを権利と言うならば、まさに生活保護は彼らにとって権利です。

生活保護という制度をスティグマの観点から見ると、これを利用するのは恥ずかしいことだという気持ちが、誇りをもって生きることの前に立ち表れて、自分らしい生き方を覆い隠してしまいます。そうなれば、生活保護を利用している限り自分らしく生きることはかなわず、「制度のお世話になるのだから我慢をしなさい」と言われ続けることになります。3人は、そんな生き方をきっぱりと拒否しているようです。

生活保護による財政支出を抑制しようとする政府などにとっては、生活保護をスティグマとする見方が広がった方がこれを利用する人が減るので、都合がよいということになります。最近のニュースでは、生活保護の利用者数が過去最高を更新し続けて、国の財政を圧迫しているなどとよく報じられますが、これによって多くの人が「生活保護はお金がかかるので利用者が増えるのは困る」という印象を持つことにつながるとすれば、こうした報道にもスティグマの観点を強める側面があることになります。

このような状況を踏まえると、生活保護を利用することは本当に恥ずかしいことなのかということについての憲法25条に基づいた国民的な議論が必要なのではないでしょうか。その際、この制度の意義を正しく理解することと、これを利用している当事者が議論に参加することが欠かせません。この項では、こうした議論の材料として、先の3人が生活保護を活用しながら模索してきた自分らしい人生の中身について考えます。

（2）自分らしく生きるために大切なこと〜仕事や居場所があること

Aさんは体を壊して地元に戻ってから作業所と出会いました。当初はなじむのに時間がかかりましたが、さをり織の仕事を得て自分らしい織物を作るようになっていきました。体を壊して車いすでの生活となったAさんにとって一般就労は難しく、一人暮らしをするための収入を自分の力で得ることは不可能でしたから、生活保護の利用はどうしても必要でした。こうして生活の基盤を整えることがなければ、作業所ではたらくこともなかったでしょう。作業所という居場所やさをり織という仕事と出会ったからこそ、後にみられるような変化につながったのです。

Bさんの場合は、一度は職場でのいじめによって仕事を失ってしまいました。そのトラウマを今も残しているわけですが、作業所での仕事や生活を通じて少しずつはたらくことへの肯定的なイメージを積み上げてきているように見えます。過去の出来事が原因で、今すぐには一般就労できないBさんにとっても、生きるためにに生活保護はどうしても必要でした。生活保護を利用することで、安心してもう一度はたらくことに自分のペースで向き合うことができるようになったのです。

Cさんの場合も、母と同居していた頃から精神障害があるために一般就労はできませんでしたから、やはり生活保護の利用は避けられませんでした。そうして福祉や医療の支援機関とのつながりの中で生きてきたわけで、作業所もその一つです。それぞれの場所での支援者や利用者とのかかわりの中では、時にトラブルになることもありますが、彼女は構成員として、あるいはなじみの利用者として確かに受け止められています。生活保護によって生活の基盤が安定したことで、家に引きこもるのではなく、いろいろな場所に顔を出して居場所を獲得できたからこそ、出会いも広がり、大好きな異性とも巡り合うことができるのです。

3人はそれぞれの形で仕事や居場所を獲得して自分らしさを発揮していましたが、そのいずれの入り口にも、生活保護による生活基盤の安定化がありました。はたらくことは成人期の主要な活動で、多くの場合それによって生活に必要な収入を得るわけですが、障害のある人の場合には十分な収入を得られるような仕事に就くことが難しいことがあります。3人もそれぞれ、そういう事情をもっていました。しかし、生活保護を利用することで、自分なりの仕事や居場所と出会い、自分らしい人生を送ることが可能になったのです。

(3) 自分らしく生きるために大切なこと～良好な人間関係があること

3人が教えてくれる自分らしく生きるために大切なことの二つ目は、良好な人間関係があることです。この点についても、3人が何の支援もなく社会のなかにポツンと存在していたなら、獲得するのはとても難しかったのではないかと思います。やはり、生活保護の利用で生活基盤が安定したことで、さまざまな機関とつながることができて、そこで良好な人間関係をつくることができたのでしょう。

Aさんは作業所に通いはじめた当初、他の利用者に大きな声を出すことがありましたが、支援者がその理由をじっくり聞くなどのかかわりをすることで、少しずつ周囲との信頼関係を深めていきました。そして、長い年月をかけて穏やかな姿を見せるようになっていったのです。一般的には、相手に大きな声を出してしまうと、その相手とはもちろん、周囲にいる人とも関係を壊しかねません。その大きな声の背後にあるAさんの思いや人生に寄り添い、じっくり話を聞きながら、周囲との関係を作りあげていくというのは、まさに福祉分野の専門的な支援であり、福祉的就労の場である作業所だったからこそ、Aさんは良好な人間関係をもつことができました。

Bさんは何度も書いた通り、以前の職場で傷ついた心を癒し、人生を取り戻している最中です。以前の職場では、外見上障害があるようには見えないことから、「これぐらいはできるだろう」などと過大評価をされていたので、指示が理解できないときや簡単な作業を失敗したときには、「人の話を聞かない」「なまけている」などと誤って評価され、いじめられていたのでしょう。作業所では、今までのように背伸びしなくても、ありのままの自分を受け止められることをBさん自身が実感したからこそ、周囲と良好な関係を築いているのです。

Cさんも時にことばが荒くなる人ですから、周囲とのトラブルも起きます。しかし、長年の付き合いの中で、周囲の人がことばの背景にある彼女の思いや、本当は優しい人であることなどを知っているから、つながりが途切れることはありません。

3人に関して言えば、仮に作業所ではなく一般の職場を紹介されていたとしたら、その行動やことばは作業所でのようには受け止められず、より複雑な事態に至ったのではないかと思います。生活保護を利用しながら作業所という福祉的就労の場とつながったことが、良好な人間関係をつくるための専門的な支援につながったのです。

（４）自分らしく生きるために大切なこと〜経済的な基盤が安定していること

３人の事例を通して、生活保護の利用が生活の基盤を安定させたことを繰り返し述べてきました。でも、これは現在の生活保護の水準が十分であると言っているのではありません。Ａさんは保護日が近づくころにはいつも生活費は底をついていましたし、Ｃさんも職員にお金が足りないとよく訴えています。それでも、障害年金と作業所での工賃を足した金額よりも生活保護費のほうが高いので、３人は生活保護を利用したのです。決して十分な金額ではないけれど、一定の生活費などが保障されるという安心感は、生活にいくらかのゆとりを生みます。加えて、障害のある人にとって医療扶助の意義は計り知れないほど大きいと思います。けがや病気など、誰もが医者にかかるような事情に加えて、障害があることによる定期的な通院や場合によっては入院なども必要になるからです。必要なときに費用の心配をせずに病院に行くことができるという安心感は、生活の基盤としてとても重要です。

３人は生活保護の利用によって、生活基盤を安定させてきたわけですが、それを脅かす事態が進行しています。２０１３年からはじめて生活保護基準が引き下げられ、さらに２０１８年には次の引き下げが予定されています。また、医療扶助の減額をにおわせながら、まずは医療費の償還払いの導入などの検討がはじまっているのです。

これまでの生活保護基準で何とか社会とのつながりや良好な人間関係をつくってきた3人の姿を思うと、この基準は引き上げることこそが必要であって、引き下げることなどありえません。ましてや、医療費の償還払いなどを導入すれば、一度は支払わなければいけないわけですから、確実に必要な医療を受けることができなくなるでしょう。精神面で調子を崩したときに入院することで自分の生活をコントロールしてきたＣさんなどは、大きな変化にさらされることになります。

生活保護基準を２０１３年の引き下げ以前の水準に戻したうえで、一人ひとりの生活保護利用者の生活状況や思いをしっかりと踏まえ、当事者参加のもとで生活保護の在り方についての国民的な議論をする必要があると思います。

3. やっぱり厳しい障害のある人の暮らし

（1）障害の有無で収入に格差はあるのか

ここで、障害のある人の収入の状況を見てみます。障害のある人とない人のあいだには収入の格差があるといわれますが、実際にはどうなのでしょうか。

まず、一般就労をしている場合について見ますが、実は、日本では障害のある人とない人の収入などを同じ条件で比較した調査はありません。ですから、ここでは別々の調査の数字で比較することにします。

一般就労をしている障害のある人の収入については、厚生労働省が実施した平成25年度障害者雇用実態調査から見てみます。これは、５人以上を雇用する民間の事業所への抽出調査で、事業主に対して雇用している身体障害者、知的障害者及び精神障害者の雇用者数、賃金、労働時間、職業などを調査したもので、５年に一度、実施されています。それによると、一般企業ではたらく障害のある人の一ヵ月の平均賃金は身体障害者が22・３万円、知的障害者が10・８万円、精神障害者が15・９万円でした。

続いて一般の労働者の平均賃金を見てみます。これについては、人事院の職種別民間給与実態調査結果を参照しますが、この調査は、人事院が公務員の賃金を決める上で、民間事業所の賃金水準を把握するもので、50人以上の規模の事業所に対して毎年実施している抽出調査です。その２０１７年の調査結果によると、一ヵ月あたりの平均賃金は電話交換手が27・6万円、自家用乗用自動車運転手が37・8万円、守衛が33万円、用務員が29万円などとなっています。

ここで挙げた4つの職種の平均賃金は約32万円となりますが、これは障害のある人のうち最も高い身体障害のある人の平均賃金の約1.5倍、精神障害の約2倍、知的障害の約3倍となり、一般の賃金と障害のある人の賃金の間に格差があることがわかります。

次に、福祉的就労の場である作業所などではたらく障害のある人の収入の実態はどうでしょうか。これについては、きょうされんが2016年5月に結果を発表した「障害のある人の地域生活実態調査」を参照します。これは、全国の就労継続支援A型やB型事業、就労移行支援事業、生活介護事業、地域活動支援センターなどではたらく障害のある人1万4745人から回答を得て取りまとめた調査です。これによると、福祉的就労の場ではたらく障害のある人のうち、相対的貧困といわれる年収122万円以下の人は81・6%でした。2012年に厚生労働省が実施した国民生活基礎調査では一般の相対的貧困率は16・1%なので、その格差は5倍に及びます。さらに、年収200万円以下のワーキングプアにいたっては98・1%に達します。つまり、福祉的就労の場ではたらく人の収入は生活できるだけの水準とはほど遠いのです。

以上のことから、障害のある人の収入は障害のない人と比べると明らかに低く、そのため厳しい生活を余儀なくされていることがわかります。

(2) まだまだ残る無理解と偏見

「障害者はじっとしていても年金もらえるからいいね」これは、ある作業所利用者のお母さんが知り合いから言われたことばです。そのお母さんは、とても悔しそうにこう言われたことを打ち明けてくれました。

障害年金は、病気やケガによって生活や仕事などが制限されるようになった場合に、現役世代も含めて受け取ることができる年金です。ですから、潜在的には誰もが受ける可能性のある年金で、受けていないのは、その人が「病気やケガによって生活や仕事などが制限される」状態になっていないからです。障害のある人が特別扱いを受けているわけでは、決してありません。障害のある人は障害があるために生活や仕事などが制限され、はたらくことによる収入を得ることができないから、これを年金で補おうというわけです。

さて、先のことばを言った人にこうした年金制度の目的や仕組みを説明すれば、納得するでしょうか。一定程度、理解はすすむでしょうが、こうした誤解がすっかりなくなるとは思えません。それは、この人が理屈の話として言っているのではなく、「わたしたちは毎日汗水流してはたらいて、ようやく収入を得ているのに、なんで障害者ははたらかずに年金をもらうのか?」という感情レベルの話として言っているからです。つまり、この人も経済的に余裕のない生活を送っていて、だからこそ障害のある人が年金を受け取ることを不平等と感じてしまうのでしょう。

障害のある人への社会の理解は着実にひろがっています。しかし、一方で今も先にあげましたように障害のある人の暮らしの現実や制度のことを知らないことによる偏見などはなくなっていません。ことに、はたらく人のあいだの所得格差の拡大や社会保障の相次ぐ削減などで国民生活全体が困難になっているなか、とくに苦しい生活を強いられる層の人の間でこうした無理解や偏見がひろがっています。これは生活保護への無理解とも重なる傾向だと思います。

障害のある人や生活保護を利用する人と、はたらいているけれども収入が少ないので苦しい生活を余儀なくされている人は、本当は同じ悩みを抱えていて、本来ならばその悩みの原因を考え、解決に向けてともに行動する存在のはずです。にもかかわらず、厳しい状況に追い込まれることで、この両者が対立させられてしまっていることが、差別や偏見をなくすことをいっそう困難にしています。

（3）障害者権利条約が求めること

こうした障害を理由とする格差や無理解、偏見などは、日本だけの問題ではありません。国際社会もこうした現実を認めて、これを克服するための努力を重ねている最中です。２００６年12月に国連で採択され、日本政府も２０１４年1月に批准した障害者権利条約は、こうしたとりくみの象徴です。

この条約のすべてを紹介することはできませんが、関連する部分を以下に引用します。下線は筆者によるものです。

【前文(k)】

障害者が、世界の全ての地域において、社会の平等な構成員としての参加を妨げる障壁及び人権侵害に依然として直面していることを憂慮し

【前文(t)】

障害者の大多数が貧困の状況下で生活している事実を強調し、また、この点に関し、貧困が障害者に及ぼす悪影響に対処することが真に必要であることを認め

【19条(b)】

地域社会における生活及び地域社会への包容を支援し、並びに地域社会からの孤立及び隔離を防止するために必要な在宅サービス、居住サービスその他の地域社会支援サービス（個別の支援を含む。）を障害者が利用する機会を有すること。

【27条1項】

障害者が自由に選択し、又は承諾する労働によって生計を立てる機会を有する権利

【28条2項(a)】

障害者が障害に関連するニーズに係る適当なかつ費用の負担しやすいサービス、補装具その他の援助を利用する機会を有する

つまり条約は、障害のある人が貧困にさらされている現実をふまえて、十分な収入を得るためにはたらくことや、社会から孤立しないための支援を得ることができるよう、批准した国々にさまざまなとりくみを求めているのです。そして、障害を理由とする格差などの不平等を解消して、すべての人が同じように参加できる社会の実現をめざしています。

条約が求める内容を実現するには、本来的には障害を理由とする収入の格差を解消して、誰もがそれぞれのはたらき方を選びながら、生計を立てることができるだけの収入を得ることができるようにすることが望まれます。しかし、このゴールを実現するにはさまざまなハードルがあり、一足飛びにというわけにはいかないでしょう。ですから、このゴールに到達するまでの間、障害のある人の収入を補う必要があるわけで、生活保護はそのための重要な役割を果たしているのです。

（4）国連の持続可能な開発目標（ＳＤＧｓ）にも目を向けて

国際的なとりくみをもう一つ見てみます。国連は２０１５年9月に持続可能な開発目標を決め、各国に対してこの目標にもとづく行動を求めました。これは２０１６年から２０３０年までの間にすべての人にとってよい世界をつくるための17の目標のことで、英語の頭文字 sustainable（持続可能な）development（開発）goals（目標）をとって、ＳＤＧｓ（エスディージーズ）と呼ばれます。以下にその17の目標の一部を示します。目標は筆者が要約しており、また下線も筆者によるものです。

目標1：貧困をなくすこと
目標3：健康であること
目標5：ジェンダーの平等
目標8：はたらきがいのある人間らしい仕事と経済成長
目標10：不平等をへらすこと

ＳＤＧｓは「誰一人取り残さない世界の実現（leaving no one behind）」をスローガンとしていて、障害のある人にもこのとりくみの成果が及ぶよう、障害について10カ所以上で触れています。障害について触れている部分をいくつか紹介します。下線は筆者によるものです。

【前文21】
脆弱な人々は能力強化がされなければならない。新アジェンダに反映されている脆弱な人々とは、子供、若者、障害者（その内80％以上が貧困下にある）、ＨＩＶ／エイズと共に生きる人々、高齢者、先住民、難民、国内避難民、移民を含む。

【目標8の5】
２０３０年までに、若者や障害者を含むすべての男性及び女性の、完全かつ生産的な雇用及びはたらきがいのある人間らしい仕事、ならびに同一労働同一賃金を達成する。

【目標10の2】

2030年までに、年齢、性別、障害、人種、民族、出自、宗教、あるいは経済的地位その他の状況に関わりなく、すべての人々の能力強化及び社会的、経済的及び政治的な包含を促進する。

世界にはたくさんの少数派と呼ばれる人たちがいますが、人の意識や世の中の制度、仕組みなどは、多数派を基準につくられているので、少数派は多くの場面で生きづらさを感じることがあります。たとえば性別という属性については、女性が男性より多くの困難に直面していることは、日本でも社会の共通認識になっています。また、人種という属性についてみると、黒人が白人から差別を受けていることは広く知られています。他にも、生まれた場所や信じている宗教などの属性によって差別を受け、人としての権利や尊厳が損なわれるという例は世界中で見られることです。

ＳＤＧｓはこうした属性の一つとして障害を明記して、すべての人にとってよい社会をつくるという目的の「すべての人」には障害のある人が含まれていることを強調したのです。このＳＤＧｓを実現するためには、貧困を防ぐための諸施策とともに、貧困に陥ったとたん人権と尊厳が奪われるということにならないための措置が必要であり、生活保護はそのための重要な役割を担っています。

4．だれもがあたりまえに自分らしく生きるために

（1）障害のある人もない人も共に生きる社会ってどんな社会だろう

２０１１年に障害者権利条約を批准するための国内法整備の一環として、障害者基本法が改正されました。

その際、第一条（目的）が以下の通り規定されています。下線は筆者によるものです。

「この法律は、全ての国民が、障害の有無にかかわらず、等しく基本的人権を享有するかけがえのない個人として尊重されるものであるとの理念にのつとり、全ての国民が、障害の有無によつて分け隔てられることなく、相互に人格と個性を尊重し合いながら共生する社会を実現するため…」

これは、障害のある人もない人も分け隔てなく、ともに生きる社会が共生社会であることを規定したもので、条約の趣旨を反映した画期的な規定として、障害団体からも歓迎されました。しかし、この改正から7年を経た今も、先にみたように障害のある人の相対的貧困率が障害のない人の5倍もあるなど、たくさんの格差が残されています。共生社会を実現するには、こうした格差をなくすことが欠かせません。ここでは、この格差をなくす上で大切な視点を2つあげたいと思います。

ひとつは、誤った自立観を克服することです。国やマスコミは財政が厳しいという理由で、社会保障に関する国の支出を減らすことが必要だという宣伝を繰り返しています。ですから、高齢者や障害のある人がはたらいて自立をすることを求めているわけですが、この場合の自立は、介護保険や福祉の制度から卒業することを意味しています。制度を利用しなくなれば国の支出が減るから、みなさん自立してくださいというわけです。しかし、わたしたちは共同作業所での障害のある人を支える実践を通じて、自立というのは制度など必要な支援を受けながらその人らしい人生を送ることだと考えてきました。そういう意味では、今の政府の自立観はわたしたちとは正反対で、このままでは障害のある人への支援は減る一方でしょう。

ふたつめは、誤った共生社会には向かわないということです。最近、我が事・丸ごと地域共生社会ということばがよく聞こえてきます。その具体化として、障害と介護の分野では今年4月から共生型サービスが新設されました。これは、高齢者や障害のある人、子どもなどを同じ場所で支援することで、支援に必要な社会資源を効率化するというものです。一見、共生社会を実現しているように見えますが、真の共生社会とは先に書いたように、障害のある人もない人も共に生きる社会をさします。高齢者や障害のある人など、支援を必要とする人を集めることは共生社会とはいえません。これでは、むしろ支援の必要な人と必要ではない人の間に、あたらしい格差と分断をつくることにもつながりかねません。

自立と共生社会をめぐるこうした動きは障害分野だけの話ではなく、生活保護を含む社会保障全体を貫いています。誰もが安心と安定を実感できる社会をつくるためにわたしたちが克服しなければいけない課題ではないでしょうか。

(2) 生活保護は「あたりまえ」のための手段

ここでもう一度、冒頭の3人のことを思い起こすことにします。3人は生活保護を利用して生活基盤を整えたことで、作業所で仲間たちとはたらき、自分らしい生活を築くことができました。それは、人としてごくあたりまえのことであり、特別扱いでもなんでもありません。

障害や、障害があることでつらい経験を余儀なくされたことのために、3人は一般就労をして、十分な収入を得ることができませんでした。もちろん、今後の人生の中で自ら一般就労への挑戦に踏みだすことはありえますが、少なくとも今まではそうだったのです。そんな3人が、仮に適切な支援者と出会うことができず、生活保護を利用していなかったとすると、どうなっていたでしょうか。仕事や仲間を持つことができたのでしょうか。どんな暮らしぶりになっていたのでしょうか。これらは仮定の話ではありますが、こう考えると、生活保護の意義の大きさを感じることができるのです。

また3人の姿からは、経済的に決して余裕があるわけではありませんが、悲壮感のようなものは感じられません。また、生活保護を利用することで恥ずかしさや屈辱感を感じるスティグマも見受けられません。3人が教えてくれるのは、ただ自分らしく生きるということで、安定した生活基盤の上に仕事や居場所があって、仲間がいるということです。このごくあたりまえのことを、生活保護や障害福祉の制度などが支えているのです。

前項の自立の話とも関連しますが、3人のことを「制度のお世話になっている人」と評価する向きもあるかもしれません。制度から卒業することが自立するということだと考えれば、いつかは生活保護の世話になることから脱して、自立するべきだということになるのでしょう。

しかし、3人の姿はこうした意見に対して、「わたしたちは生活保護を利用して自分らしく生きている」と主張しているように思います。作業所に入った当初は周囲と打ち解けることができなかったAさんや引きこもっていた頃のBさんと、2人のその後の変化した姿を比べれば、作業所での生活を通じて3人は自立に向かう過程に足を踏み出したのだと思うのです。もしかすると、その過程そのものを自立と呼んでもいいのではないでしょうか。こうした3人から制度や支援を取り上げたり、その量を減らすのではなく、あたりまえの生活を得るための手段としてこれらを提供することこそが大切です。

(3) 憲法と障害者権利条約を広げて現実を変える

最後に、あらためて日本国憲法第25条を思い起こしましょう。

第25条　すべて国民は、健康で文化的な最低限度の生活を営む権利を有する。

2　国は、すべての生活部面について、社会福祉、社会保障及び公衆衛生の向上及び増進に努めなければならない。

ここでいう「すべて国民は」に例外があってはいけません。障害があってもなくても、すべての国民は健康で文化的な最低限度の生活を送る権利があるのです。相対的貧困率に5倍の格差があるという現実は、明らかに障害のある人をこの規定の例外としていることになります。そして、第2項によれば、国はこうした現状を踏まえて、社会保障の向上及び増進に努めるべきなのですが、それどころか生活保護基準を引き下げて、富める者とそうではない者の間の格差を一層広げようとしています。

障害者権利条約は、障害のある人の大多数が貧困の状態にあるとして、こうした現状を解消し、障害のある人とない人が共に生きる社会をつくることを求めています。ですから、憲法と条約は、貧困と格差をなくすという同じ目標に向かっているといっていいでしょう。今こそ、この二つのすぐれた文書を実現しなければいけません。

障害者権利条約と生活保護問題に関連して、国際的に重要な動きがありました。２０１８年5月24日に、国連高等弁務官事務所の４人の人権専門家が、「貧困層の社会保障を脅かす生活保護削減」と警告する声明を公表し、同年10月から実施予定の生活保護基準の段階的な引き下げについて、貧困層、とくに障害のある人、一人親世帯、また高齢者の最低限の社会保障を脅かすものとして、日本政府に見直しを求めたのです。

この声明では、

「日本は緊縮政策が必要な時においても、差別を撤廃し、すべての人に基本的な社会的保護を保障する義務がある。貧困層の人権への影響を慎重に考慮せずに採択されたこのような緊縮政策は、日本の負っている国際義務に違反している」

として、財政状況が厳しいことを理由に人権を制約してはならないことを指摘しています。また、「今回の削減によって最も打撃を受けるのは障害者であろう。経済的負担の増加により、施設に入ることを余儀なくされたり、自殺を図るケースが増えているとの報告もある。生活扶助費の削減は、障害者権利条約によって保障された、障害者が地域社会で自立して生存する平等の権利を奪うものである」

と、生活保護基準の引き下げが障害者権利条約第19条に違反していることを喝破《かっぱ》しているのです。この声明は世界の貧困問題に関する議論の主流であり、私たちを大いに励ましてくれます。

また憲法をめぐっては、改正についての議論が盛んです。その中心点は第9条で、自民党などは必要最小限度の実力組織として自衛隊を明記することや、国防軍という軍隊を条文に盛り込むことなどを議論しています。

この平和の問題と社会保障は、表裏一体の関係にあります。平和だからこそ豊かな社会保障が実現するし、社会保障を拡充するには平和でなければいけません。それがここ数年は、社会保障の費用は伸びを抑えられ続けている一方で、軍事費は右肩上がりで伸びているのです。これはかつて戦争に向かっていた頃にもみられた傾向で、いつか来た道に後戻りしているかのようです。

ですから、生活保護や障害福祉などの社会保障を守り、憲法と条約がめざす目的を実現するとりくみは、平和を守ることにも通じるのです。こうした視点に立って、今一度、日本国憲法と障害者権利条約を読んでみませんか。そして、たくさんの市民のみなさんとその内容や価値を共有したいものです。

【執筆者紹介】

尾藤廣喜（びとう　ひろき）
香川県出身。1970 年、京都大学法学部を卒業。同年、厚生省に入省。医療保険及び生活保護を担当。1973 年、厚生省退職。1975 年、京都弁護士会に弁護士登録。以後、京滋スモン訴訟、水俣病京都訴訟、薬害ヤコブ訴訟、原爆症認定小西訴訟、ノーモア・ヒバクシャ訴訟、永井訴訟、西田訴訟、中嶋訴訟、林訴訟等の多くの公害・薬害訴訟、社会保障訴訟、生活保護関係訴訟を担当。また、貧困問題についても、全国的な活動を行なっている。現在、日本弁護士連合会貧困問題対策本部副本部長、生活保護問題対策全国会議代表幹事、原爆症認定訴訟全国弁護団副団長。主著に、「改訂新版これが生活保護だ」（高菅出版）、「生存権」（同成社）、「ここまで進んだ！格差と貧困」（新日本出版社）、「社会保障レボリューション　いのちの砦・社会保障裁判」（高菅出版）、「『生活保護法』から『生活保障法』へ」（明石書店）、いずれも共著がある。

赤松　英知（あかまつ　ひでとも）
1965 年生まれ。1989 年 3 月京都大学教育学部卒業後、1990 年 4 月より知的障害者通所授産施設第 2 さつき障害者作業所（大阪府吹田市）で勤務。1998 年 4 月からは身体障害者通所授産施設つくしの里（福岡県田川市）で勤務。2002 年 7 月に知的障害者通所授産施設第 2 つくしの里（福岡県田川市）施設長に就任。2008 年 6 月からはつくしの里施設長を兼務した。並行して 2005 年 5 月からはきょうされん常任理事を務めた。その後 2010 年 4 月から、内閣府障害者制度改革担当室等で政策企画調査官として障害者基本法改正や障害者差別解消法の成立等に携わる。2014 年 4 月からきょうされん常務理事となり、現在に至る。

〈ＫＳブックレット No26〉

Live on welfare　障害のある人と生活保護

2018年9月21日　初版第1刷

尾藤廣喜・赤松英知　著

発行所　きょうされん

〒164-0011　東京都中野区中央5-41-18-4F

TEL 03-5385-2223　FAX 03-5385-2299

郵便振替　00130-6-26775

Email zenkoku@kyosaren.or.jp

URL http://www.kyosaren.or.jp/

発売元　萌文社（ほうぶんしゃ）

〒102-0071　東京都千代田区富士見1-2-32　東京ルーテルセンタービル202

TEL 03-3221-9008　FAX 03-3221-1038

郵便振替　00190-9-90471

Email info@hobunsya.com　URL http://www.hobunsya.com

印刷・製本／倉敷印刷　イラスト／寺田 燿児　装幀／佐藤 健

ISBN978-4-89491-362-2 C3036

視覚障害などの理由から本書をお読みになれない方を対象に、テキストの電子データを提供いたします。

ご希望の方は、下記までお問い合わせください。

なお、第三者への貸与、配信、ネットでの公開などは著作権法で禁止されております。

きょうされん

TEL03-5385-2223　FAX03-5385-2299

E-mail zenkoku@kyosaren.or.jp